En couverture : JEAN-OLIVIER HUCLEUX, *ARMAN*, 1988
DESSIN À LA MINE DE PLOMB, D'APRÈS
LA PHOTO DE EWA RUDLING, 150 × 209 CM.
COLL. MARIANNE ET PIERRE NAHON, PARIS.

SHOOTING COLORS

Dans la même collection

Mario Vargas Llosa, *Botero, dessins et aquarelles*.
Claude Michel Cluny, *Júlio Pomar - Le Livre des quatre Corbeaux*.
Bernard Lamarche-Vadel, *Hucleux - 12 dessins suivis du catalogue de l'œuvre*.
Michel Butor, Maxime Godard, *Une visite chez Pierre Klossowski le 25 avril 1987*.
Pierre Bettencourt, *Dado - Buffon dénaturalisé*.
Bernard Lamarche-Vadel, *M.A.J.Y. MAGIE (Duchamp, Warhol, Beuys, Klein)*.
Pierre Restany, Alain Jacquet - *Le déjeuner sur l'herbe - 1964/1989 - 25ᵉ anniversaire*.

Cet ouvrage a été publié en collaboration avec Marianne et Pierre Nahon, à l'occasion de l'exposition « Shooting colors » d'Arman à la Galerie Beaubourg, à Paris, en décembre 1989.

Crédits photographiques : Archives Galerie Beaubourg, Georges Boigontier, Adam Rzepka, Archives Roger Viollet, Luc Hautecœur (Agence Stylograph), J.D. Quatro.
© Opus International Nº 116 pour l'entretien de Jean-Luc Chalumeau.
© E.L.A. La Différence, 103 rue La Fayette, Paris Xᵉ, 1989.

Arman en est venu aux pieds. Après tant de jeux de mains, le voilà sur pied. Il avait fait main basse sur tout. Il ne lui manquait que le pied à l'étrier. Et on ne peut pas dire qu'il y aille de pied bas...

Il coupe de la main et il « drippe » du pied. Tout l'éventail de sa production classique va passer à la douche écossaise de l'éclaboussure contrôlée style Shiraga-Gutaï.

Après la main, c'est le pied qu'Arman met à la pâte. Une redondance ? Plutôt un acte de foi pratique : rien ne doit se perdre.

Poil sur la main ? Certes pas sur le pied ! C'est plutôt le cœur qui lui serait tombé de la main sur le pied, en créant ce surplus d'Action-Painting.

Arman a de belles ruades.

L'important n'est-il pas de retomber sur ses pieds ?

Voilà qui me réjouit, me séduit, me rassure : un coup de pied exécuté de pied de maître !

PIERRE RESTANY,
le 10 octobre 1989.

ARMAN

SHOOTING COLORS

PEINTURE ET MUSIQUE

PRÉCÉDÉ D'UN ENTRETIEN AVEC
JEAN-LUC CHALUMEAU

L'AUTRE MUSÉE / GRANDES MONOGRAPHIES
AUX ÉDITIONS DE LA DIFFÉRENCE

ENTRETIEN AVEC JEAN-LUC CHALUMEAU

J.L.C : Il ne me paraît pas indifférent que vous, le niçois devenu un artiste américain de niveau international, paraissiez modifier votre attitude vis-à-vis de Paris dont vous étiez le premier, vers 1960, à dénoncer le déclin et la paralysie. Depuis le jour où vous avez furieusement rempli de déchets la Galerie Iris Clert, Paris a donc bougé ?

ARMAN : C'était, il y a trente ans, le château de la Belle au Bois Dormant. Je ne sais qui est le prince qui a réveillé la princesse, mais la situation a radicalement changé. Est-ce l'impulsion donnée par de nouvelles institutions comme le Centre Pompidou ? Est-ce le fait que l'Amérique s'est à son tour endormie ? En tout cas, Paris a repris du poil de la bête. C'est extrêmement vivant ici, et les jeunes artistes européens ont cessé de se sentir tenus d'aller faire carrière à New York. Ce qui était obligatoire dans les années 60 ne l'est plus du tout maintenant.

J.L.C. : Le fait est que, pour certains artistes de votre génération, le refus de jouer le jeu américain a pu se traduire par quelques désagréments dans leur carrière.

ARMAN : Je vais vous dire une chose : j'aurais refusé d'aller vivre aux Etats-Unis si cela ne m'avait pas plu. Je n'ai pas le caractère à m'embêter pendant vingt-huit ans dans un endroit que je n'aime pas ! La vérité, c'est que je suis tombé amoureux de New York. Je ne vivais pas à Paris jusque-là, mais à Nice : c'est à l'occasion d'une exposition chez Daniel Cordier en 1961, à New York, que j'ai décidé de rester.

9

J.L.C. : Vous aviez d'ailleurs déjà signé la ville l'année précédente « en bas et à droite », dans le Lower East Side : en quelque sorte, cette gigantesque accumulation de maisons, de gens et de voitures vous appartenait déjà.

ARMAN : J'aime New York, en effet, depuis longtemps. Mais j'aime aussi Paris et je constate que cette ville est redevenue incontournable. Elle reste géographiquement irremplaçable. La scène a pu être occupée quelque temps par de jeunes artistes de la transavantgarde italienne ou de l'expressionnisme allemand, mais cela ne change finalement rien au fait que Paris est la plaque tournante de l'art international. Il se passe des choses intéressantes en Angleterre, en Italie, en Espagne, mais c'est Paris qui est l'endroit de la consécration : par la présence de son passé et par ses structures qui se sont considérablement renforcées ces dernières années. Il y a eu récemment un très gros effort pour la culture en France, et maintenant cela se voit.

J.L.C. : Venons-en à vous-même. Entre 1964 et 1969, il y a eu des débats publics assez vifs autour de vous. En 1968 en particulier, vous avez été contesté pour avoir travaillé avec la Régie Renault et pour avoir participé à la Biennale de Venise alors que les autres invités français s'y refusaient par solidarité avec les étudiants italiens en révolte. Vingt ans après, comment jugez-vous ces événements ?

ARMAN : J'ai effectivement refusé de fermer mon morceau de pavillon à Venise, alors que Schöffer, Kowalski et Dewasne fermaient le leur... à moitié seulement d'ailleurs ! J'en ai alors beaucoup voulu à tout le monde, car j'avais vu venir le coup avant de partir et j'avais prévenu le commissaire français, Michel Ragon. Il y eut une discussion chez lui avec les autres participants, et j'ai dit : il ne faut pas se faire d'illusions, la révolte étudiante se termine ici, mais elle va repartir demain en Italie. Quelle sera alors notre attitude à Venise ? Il faut la déterminer dès maintenant. On envoie les œuvres ou bien on ne les envoie pas ? Ce n'est pas la peine de les envoyer si nous devons ensuite nous croiser les bras. Si nous les envoyons, il faut aller sur place et là, si les étudiants se comportent comme à Paris, on se laisse pressurer par eux ou bien nous résistons et nous exposons quoi qu'il arrive ? J'avais parlé avec netteté. Pour finir nous avons décidé à l'unanimité d'envoyer les œuvres et d'exposer quoi qu'il arrive. Dès notre arrivée, nous avons vu les carabiniers dans les Giardini. Nous avons été une dizaine d'artistes, les premiers arrivés, pour aller voir la Direction de la Biennale et lui

11

PETIT TRAITÉ DU VIOLON, 1989
COULEURS PROJETÉES, TUBES DE PEINTURE
ET VIOLONS SUR TOILE, 160 × 280 CM.
GALERIE BEAUBOURG, PARIS.

demander de déplacer les carabiniers en dehors des jardins. Mais le départ des forces de l'ordre ne faisait pas du tout l'affaire des étudiants, qui avaient besoin de « provocation » pour exister. Ils nous ont convoqués à l'Accademia et ils nous ont enfermés à clef pour une explication. J'ai vu alors une chose lamentable : Nicolas Schöffer accepter de faire son autocritique ; il était pratiquement à genoux devant ces gamins de vingt ans. Ecœuré, je suis parti en leur disant que je n'avais pas à me justifier de quoi que ce soit devant des apprentis artistes dont je ne voudrais même pas comme assistants.

J.L.C. : Cette réaction n'a pas manqué de vous marquer politiquement.

ARMAN : Quant à ma position politique d'alors, je m'amuse à constater que j'ai été considéré comme un artiste d'extrême droite en France et que je passais pour un artiste d'extrême gauche aux Etats-Unis. J'étais très actif dans le Mouvement des Droits Civiques, très actif aussi dans la contestation de la guerre du Viêt-Nam. Je suis même devenu président des artistes américains contre l'apartheid en Afrique du Sud. J'ai travaillé en liaison étroite avec les Black Panthers : j'avais vraiment un label d'extrême gauche.

En France, lorsque j'ai voulu être conséquent avec moi-même face à une certaine hypocrisie, je me suis mis à dos mes copains artistes devenus de très jolis gauchistes. Quelques années après, j'ai pu leur dire : « Alors, où en êtes-vous, bande de petits Saint-Just en peau de lapin et de Robespierre en pantoufles ? » On a vu ce que donnaient les théories des gauchistes, appliquées au Cambodge par exemple. J'ai été très discriminé parce que j'ai voulu être conséquent et que j'ai posé certaines questions avant les événements qui devaient me donner raison.

J.L.C. : A l'époque, vous saviez répondre aux attaques dont vous étiez l'objet et vous réfléchissiez à la question de la condition de l'artiste. Je me souviens de votre réponse à un texte assez méchant du Comité d'Action de Vincennes, publié par le Bulletin de la Jeune Peinture. Vous écriviez notamment ceci : « Un artiste est toujours sur la très fine lame d'équilibre entre être un profiteur de toute société et être utilisé par toute société. » L'écririez-vous encore aujourd'hui ?

ARMAN : Oui, bien sûr. J'ai beaucoup aimé un film de Vittorio de Sica, *Le Général della Rovere*, dont le héros est un bidoniste, un escroc, et qui finit comme un héros. L'artiste, à ses débuts, est toujours un peu un escroc : il ne donne rien en échange de ce qu'il demande. Il dit « je suis artiste » alors qu'il n'a presque rien produit, mais il veut déjà jouer le rôle de l'artiste dans la société. Avec un peu de chance, il saura prendre les bons tournants et finir comme le général della Rovere, en devenant vraiment ce qu'il prétendait être, mais qu'il n'était pas encore.

J.L.C. : Ne croyez vous pas que la situation des artistes a tout de même évolué, et que l'on peut — légitimement ou pas — être consacré assez tôt maintenant ?

ARMAN : Il n'est pas douteux que ce que je viens de dire est surtout valable pour ma génération. J'ai vécu une époque où il était très difficile d'être accepté en tant qu'artiste. Le nombre des galeries d'art contemporain se comptait sur les doigts de deux mains : moins d'une dizaine à Paris et moins d'une dizaine à New York. Maintenant il y en a plusieurs centaines dans chacune des deux villes. Si plusieurs centaines de commerces peuvent vivre de l'art contemporain, cela veut dire qu'il y a des acheteurs qu'il faut absolument approvisionner. Il y a aujourd'hui un monde fou qui guette les jeunes artistes de talent, et l'histoire bien connue de l'artiste-génial-qui-attend-toute-sa-vie-la-reconnaissance n'est plus possible. Les responsables des galeries réagissent très vite maintenant. Dès qu'on leur dit qu'il y a en Calabre ou au fond de la Patagonie un artiste qui fait quelque chose de bien, ils courent le chercher ! De nos jours, l'artiste n'est plus à l'écart de la société, il serait plutôt absorbé par elle. Il est très vite reconnu et fêté.

J.L.C. : Vous me faites penser à la sérénité de Jean-Charles Blais qui, sûr de son talent, attendait tranquillement vers 1980 que le marchand de son choix vienne spontanément le trouver dans son minuscule atelier de la rue du Faubourg Saint-Denis. Plusieurs galeristes étaient passés, tous récusés. Enfin Yvon Lambert vint, et l'on connaît la suite.

ARMAN : Blais avait raison. D'abord parce qu'il est un grand artiste et qu'il a senti sa force, ensuite parce qu'il a eu l'instinct du parcours qui lui convenait. On fait des parcours plus ou moins réussis. Il y a des gens qui font des sans-faute, d'autres pas. Il est vrai que seule l'œuvre compte, mais le parcours d'un artiste est significatif lui aussi.

J.L.C. : Comment voyez-vous votre propre parcours ?

ARMAN : Il n'a pas été exemplaire, parce que j'étais boulimique. Je n'avais pas de patience et je n'avais pas l'habitude de gagner de l'argent. Lorsque nous étions jeunes, Yves Klein et moi, face à la pénurie effroyable de débouchés pour l'art contemporain, nous

AVANT LA CHANCE, 1989
COULEURS PROJETÉES ET TUBES
DE PEINTURE SUR TOILE, 160 × 260 CM.
GALERIE BEAUBOURG, PARIS.

rêvions tous les deux à une hypothétique galerie qui nous donnerait 1 500 F par mois pour vivre : manger et peut-être même acheter du matériel. C'était un vrai rêve. Nous savions le risque que nous prenions. Nous avions accepté d'être des parias. Tous les amis de ma famille étaient désespérés. On me disait : Armand, tu as trois enfants, il faut être sérieux. Fais quelque chose dans la vie. Tu ne peux pas continuer à fabriquer tes idioties...

J.L.C. : Des gens très sérieux ont longtemps refusé de vous considérer comme un artiste. Dans un petit livre qui a fait du bruit en son temps, Hélène Parmelin vous qualifiait d'« anartiste ».

ARMAN : Elle a changé d'avis depuis ! Je ne suis pas amer devant ce passé, je suis plutôt amusé.

J.L.C. : Vous avez commencé par faire de la peinture abstraite dans les années 50. Vous vous considériez alors, non pas comme un subversif en art, mais comme un adepte des valeurs traditionnelles ?

ARMAN : Oui, j'étais un peinpeintre.

J.L.C. : Mais vous avez cependant cherché à rejoindre par la suite, même à travers vos gestes les plus extrêmes, une certaine idée de la beauté ?

ARMAN : On cherche toujours. J'espère rester un étudiant toute ma vie à ce point de vue. J'apprends tout le temps, et je voudrais être aussi un étudiant de moi-même. Cela dit, mon travail n'a vraiment été subversif qu'un très court moment ; il a très vite été absorbé. Ce qui ne veut pas dire qu'il n'est plus dans le coup ! Blais et moi avons eu récemment une exposition ensemble, à Nîmes. Blais montrait de très beaux dessins, et moi je faisais une nouvelle agression : un envahissement des murs, des portes et de tout ce qui se trouvait là avec de la peinture et six mille pinceaux. Eh bien, ce qui est rigolo, c'est que les visiteurs peu informés de l'histoire récente de l'art étaient persuadés que le vieil artiste, c'était Blais, et le jeune, c'était Arman !

Sans trop s'arrêter à l'anecdote, il me semble que le problème de l'artiste n'est certainement pas de faire scandale ou simplement d'attirer l'attention pour le plaisir d'être vu. L'important, encore une fois, c'est la qualité de l'œuvre. Vous connaissez la phrase de Lincoln : « On peut mentir à quelques-uns pendant longtemps, on peut mentir à tous pendant peu de temps, mais on ne peut pas mentir longtemps à tout le monde. »

J.L.C. : Je vous vois en train de faire de la gravure sur cuivre de la manière la plus classique. Vous êtes toujours aussi multiple dans vos modes d'intervention ?

ARMAN : Vous constaterez en effet cette multiplicité à l'occasion de ma prochaine exposition à Paris, qui n'aura d'ailleurs rien de révolutionnaire. Ce n'est pas à mon âge que l'on recommence une prise de position artistique, mais on peut faire des variations intéressantes. Je viens de voir l'exposition « L'œuvre ultime » à la Fondation Maeght de Saint-Paul. Il est intéressant de voir que des artistes qui avaient un « statement », comme on dit en anglais, pouvaient trouver des variations de leur œuvre à un âge relativement avancé. Ça fait plaisir. L'artiste peut dire à tout moment de sa vie qu'il est toujours là et qu'il a envie de faire quelque chose, de chercher.

J.L.C. : Il me semble que votre recherche tient beaucoup plus compte aujourd'hui que naguère de votre culture artistique. Finalement, vous n'aviez tourné le dos à votre formation qu'en apparence, et maintenant votre savoir-faire classique opère sa réapparition.

ARMAN : Quand on prend des tournants, une bonne formation de base permet de trouver des solutions plus rapidement, et ce n'est pas plus mal. Quand j'étais professeur, je n'enseignais pas la technique car j'avais les étudiants de troisième année : les « graduate » aux Etats-Unis. J'essayais de les stimuler pour qu'ils sortent quelque chose d'eux-mêmes. Nous allions sur les plages, on se baignait en copains, et puis je leur disais ensuite de ramasser ce qu'ils pouvaient trouver et d'en faire une œuvre, chacun dans son style personnel. J'avais divisé ma classe en « classiques » et en « modernes »...

J.L.C. : Il ne s'agissait donc pas pour eux de refaire du Arman.

ARMAN : Surtout pas ! Il m'est arrivé dernièrement de recevoir un coup de téléphone d'un jeune artiste de Lyon qui me demandait si je pouvais voir ses œuvres. « Oui, dis-je, qu'est-ce que vous faites ? » Il me répond à ma frayeur : « Je fais exactement comme vous. Depuis des années j'accumule et je brise des objets. J'ai fait deux mille œuvres comme ça et je voudrais vous les montrer. » J'étais affolé. J'ai réagi violemment et j'ai absolument refusé de voir ça. Il insistait sans comprendre, croyant me faire plaisir. « Mais je fais vraiment comme vous ! » C'était horrible. J'allais suffoquer si je devais approcher ce travail !

Il n'est pas question de m'intéresser, naturellement, en imitant ma démarche. J'ai en revanche été intéressé par les idées de l'Ecole

PETITE PEINTURE PÂLE, 1989
COULEURS PROJETÉES ET TUBES
DE PEINTURE SUR TOILE, 122 × 92 CM.
COLL. MARCIANO, LOS ANGELES.

LES POMPES À VINCENT, 1989
COULEURS PROJETÉES, TUBES DE PEINTURE
ET CHAUSSURES SUR PANNEAU, 80 × 65 CM.
GALERIE BEAUBOURG, PARIS.

CRIME DE LÈSE BEUYS, 1989
COULEURS PROJETÉES, TUBES DE PEINTURE
ET CHAPEAU SUR TOILE, 80 × 65 CM.
GALERIE BEAUBOURG, PARIS.

Maïeutique de New York selon lesquelles tout le monde est artiste. L'art est une acquisition philogénique de l'espèce, il n'est pas dû à une sorte de grâce divine réservée à quelques-uns. Cela doit être vrai, sinon il n'y aurait pas de spectateurs pour les œuvres des artistes professionnels. Tout le monde n'est certes pas Rembrandt ou Picasso, mais chaque individu, même celui qui affirme ne pas s'intéresser à l'art, doit accomplir des choix esthétiques plusieurs fois par jour, à commencer par le moment où il choisit la couleur de sa cravate. Avant l'art pariétal, l'Homo Sapiens a fait de la peinture corporelle. Chaque représentant de l'espèce a des attitudes qui appartiennent incontestablement au domaine de l'art, même s'il n'est pas en effet un artiste au sens professionnel. C'est curieux que l'on ait tant de mal à persuader les gens qu'ils sont artistes, alors que si on leur dit qu'ils savent courir, ils le croient tout de suite. Pourtant, c'est la même chose...

« BODA DE SANGRE », 1989
COULEURS PROJETÉES ET VIOLONCELLE
DÉCOUPÉ SUR TOILE, 130 × 160 CM.
GALERIE BEAUBOURG, PARIS.

JE SUIS UNE FOURMILIÈRE...

Je suis une fourmilière. Je travaille à la queue leu leu, comme cette colonie d'insectes. J'ai des antennes partout. Lorsque je réalise une série de travaux, toutes répercussions, toutes conséquences s'enregistrent, sont automatiquement classées dans la mémoire collective de mes fourmis ; et un désir irrépressible d'expérimenter se fait jour — tout ce matériel nouveau mis à ma disposition... Souvent, je saute d'une chose à l'autre, sans me donner la chance d'approfondir certains aspects d'œuvres en cours ; c'est un choix délibéré, je laisse à d'autres le désir de perfection, cela sans aucune sorte de mépris. Parmi les artistes qui vont toujours dans la même direction à la recherche d'un absolu, il y a eu, il y a des génies, des maîtres incontestés, mais je crois que la vie, et donc l'art, est une tapisserie complexe faisant partie du continuum espace-temps : la trame comme les fils sont à la fois nécessaires et complémentaires ; celui qui a la chance de pouvoir contempler le tissage comprendra le sens de ma parabole.

Depuis trois, quatre ans, le désir de créer avec de la couleur m'a repris, j'ai adopté l'expression américaine « I AM A BORN AGAIN PAINTER » — expression issue de sectes chrétiennes où les croyants disent « être nés à nouveau en tant que chrétiens ». Je suis né à nouveau en tant que peintre. J'avais déjà utilisé la couleur entre 1966 et 1969, dans des œuvres en plastique où des tubes de couleur avec la peinture qui sortait de leurs ouvertures étaient enrobés dans du polyester ou du plexiglas ; je me suis aussi servi de bouteilles d'émaux et de leurs couleurs. Mais le pouvoir de transformation de la technique d'inclusion dans le plastique est telle que les couleurs devenaient plus des objets que de la peinture.

Lors de mon nouveau départ, je n'étais pas très éloigné de la période des tubes de 1968, mais j'avais renoncé au plastique et je collais les tubes sur la toile. Le résultat, bien qu'agréable à l'œil, me laissa un peu sur ma faim. En utilisant les matériaux des peintres, je me suis alors employé, avec davantage de bonheur, à faire de la peinture plus « traditionnelle » : de la couleur, des brosses, des couteaux et des toiles — voilà ce que j'ai montré en 1987/88.

Puis je suis passé par une assez longue période d'accumulation de tubes monochromes : je peignais le support avec des tubes de la même couleur. J'aurais sûrement eu l'approbation d'Yves Klein. J'ai aussi dérivé dans des essais sériels de dégradation des couleurs, du support coloré et des tubes : c'étaient des « peintures en camaïeu ».

Puis, en bon sauvage, je fus pris d'une frénésie post-pollockienne, pendant laquelle, comme pour le « Sacre du printemps », j'ai accumulé, piétiné dans l'ordre et le désordre de grandes quantités de tubes et leurs couleurs, avec des éclatements et giclures d'une extrême violence. C'est en vivant et en regardant ce segment de mon travail, que j'ai qualifié de « sale Peinture » à la Pollock, l'accumulation de tubes en plus, que surgit le dernier avatar, présenté en décembre 1989 à la Galerie Beaubourg. Autour de moi, sur moi, dans l'atelier, le bombardement de couleurs échappant à tout contrôle dessinait des traces persistantes, violentes, rectilignes, qui agressaient et recouvraient tout ce qui se trouvait sur leur parcours.

Fidèle à mon infidélité, j'ai continué dans la logique du geste et j'ai tiré à coup de couleurs sur des objets préparés sur toile. Les objets musicaux ont en général prévalu — mieux : survécu — à cette guerre en couleur. On va encore m'accuser de « retourner au violon », je le sais, mais pourquoi alors ne pas reprocher à de bien grands artistes leur éternel retour au nu ou au paysage ?

Octobre 1989.

26

CLINQUANT, 1989
COULEURS PROJETÉES ET COR DE CHASSE
DÉCOUPÉ SUR TOILE, 120 × 90 CM.
GALERIE BEAUBOURG, PARIS.

FANFARE SOUS LE FEU, 1989
COULEURS PROJETÉES ET INSTRUMENTS À VENT
SUR PANNEAU, 160 × 320 CM.
GALERIE BEAUBOURG, PARIS.

TRAGÉDIE DU JAZZ, 1989
COULEURS PROJETÉES ET SAXOPHONE
DÉCOUPÉ SUR TOILE, 80 × 65 CM.
GALERIE BEAUBOURG, PARIS.

SYMPHONIE PASTORALE, 1989
COULEURS PROJETÉES ET GUITARE
DÉCOUPÉE SUR TOILE, 145 × 120 CM.
GALERIE BEAUBOURG, PARIS.

LES ENFANTS TERRIBLES, 1989
COULEURS PROJETÉES ET CONTREBASSE
BRISÉE SUR TOILE, 200 × 150 CM.
COLL. MARIANNE ET PIERRE NAHON, PARIS.

C.Q.F.D., 1989
COULEURS PROJETÉES, TUBES DE PEINTURE
ET GUITARE BRISÉE SUR TOILE, 147 × 115 CM.
GALERIE BEAUBOURG, PARIS.

IL Y PLEUT À CORDES, 1989
COULEURS PROJETÉES ET INSTRUMENTS À CORDES
SUR TOILE, 200 × 300 CM.
GALERIE BEAUBOURG, PARIS.

A NAPOLI, 1989
COULEURS PROJETÉES ET MANDOLINE BRISÉE
SUR TOILE, 100 × 80 CM.
GALERIE BEAUBOURG, PARIS.

« LE VIOLON D'YVES », 1989
COULEURS PROJETÉES ET VIOLON DÉCOUPÉ
SUR TOILE, 100 × 80 CM.
COLL. PARTICULIÈRE.

DE L'AUTRE CÔTÉ DE LA FORÊT, 1989
COULEURS PROJETÉES ET VIOLON DÉCOUPÉ
SUR TOILE, 100 × 80 CM.
GALERIE BEAUBOURG, PARIS.

QUATUOR FIER, 1989
COULEURS PROJETÉES ET VIOLONS DÉCOUPÉS
SUR TOILE, 200 × 150 CM.
GALERIE BEAUBOURG, PARIS.

LA CHANCE DES NÉOPHYTES, 1989
COULEURS PROJETÉES ET « COLÈRE DE VIOLON »
SUR TOILE, 86 × 54,5 CM.
GALERIE BEAUBOURG, PARIS.

SENTIMENTALISME, 1989
COULEURS PROJETÉES ET « COLÈRE DE MANDOLINE »
SUR TOILE, 90 × 50 CM.
GALERIE BEAUBOURG, PARIS.

VIOLINO CATIVO, 1989
COULEURS PROJETÉES ET VIOLON SUR TOILE, 100 × 80 CM.
GALERIE BEAUBOURG, PARIS.

EFFETS DE GRAVURE, 1989
COULEURS PROJETÉES ET VIOLON DÉCOUPÉ
SUR TOILE, 120 × 90 CM.
GALERIE BEAUBOURG, PARIS.

ZINZIN MAGNIFIÉ, 1989
COULEURS PROJETÉES ET « COLÈRE D'ACCORDÉON »
SUR TOILE, 200 × 150 CM.
COLL. MARCIANO, LOS ANGELES.

NOTES BIOGRAPHIQUES

1928   Armand Pierre Fernandez, fils d'un marchand de meubles anciens, naît à Nice, le 17 novembre.

1934-1940 Fréquente le Cours Poisat — une école de jeunes filles —, afin de ne pas être séparé de Micheline, sa meilleure amie d'enfance.

1936   Joue pour la première fois aux échecs. Sa passion pour ce jeu le marquera sa vie durant.

1938   Son père, peintre du dimanche et violoncelliste amateur, l'initie à la peinture à l'huile et éveille son amour pour la musique.

1940   Entre au lycée de Nice, d'où il sera renvoyé trois mois plus tard.

1941-1946 Ses parents l'inscrivent dans différents établissements scolaires, dont il sera successivement renvoyé.

1946   Reçu au baccalauréat de philosophie, il est admis à l'Ecole Nationale des Arts Décoratifs de Nice. Collectionne des objets anciens, en particulier de la porcelaine de Chine, qu'il achète aux ventes aux enchères des antiquaires de Nice.

1947   Rencontre Yves Klein et Claude Pascal à Nice, dans une école de judo. Cette année-là et l'année suivante, ils parcourent l'Europe en auto-stop. En hommage à Vincent Van Gogh qui signait ses œuvres de son seul prénom, les trois amis décident de faire de même et d'abandonner leur nom de famille. Jusqu'en 1953, ils sont très proches, intellectuellement et spirituellement, du Bouddhisme Zen, des Rose-Croix, de Gurdjieff et de l'astrologie.

1949   Quitte l'Ecole Nationale des Arts Décoratifs de Nice, en protestation contre le conservatisme de celle-ci, et s'inscrit à l'Ecole du Louvre, à Paris, où il étudie pendant deux ans l'archéologie et l'art d'Orient, dans le but de devenir commissaire-priseur. Sa peinture d'alors est d'inspiration surréaliste.

1951   Renonce à l'Ecole du Louvre et part à Madrid avec Yves Klein pour enseigner le judo à l'école Bushido-Kai.

1952   Effectue son service militaire pendant la guerre d'Indochine, comme infirmier dans l'Infanterie de marine.

1953   Retour à Nice. Influencé par Serge Poliakoff et Nicolas de Staël, il s'intéresse à la peinture abstraite. Participe avec Yves Klein à une série d'actions et de « happenings ». Epouse Eliane Radigue. Trois enfants : Françoise, Anne et Yves. Il divorcera en 1971. Poursuit sa collection d'objets anciens et décoratifs et, à la suite d'expositions à Paris, s'intéresse à l'Art africain.

1954   Il est particulièrement impressionné par les collages et les encrages de Kurt Schwitters qu'il a l'occasion de voir à la Galerie Berggruen. Commence ses expériences avec des tampons encreurs. Découvre les peintures de Pollock au Studio Fachetti, à Paris.

1955   Exécute les premiers *Cachets*. Vit du commerce de meubles et de la pêche au harpon.

1956   Première exposition individuelle, Galerie du Haut-Pavé, à Paris.

1957   Long voyage avec la mission archéologique française, en Iran, Turquie et Afghanistan, en compagnie d'un frère dominicain, le Père Steve, épigraphiste des écritures cunéiformes. Deuxième exposition à Paris, Galerie La Roue.

1958   Une coquille sur la couverture du catalogue de l'exposition chez Iris Clert ampute son nom du « d » final : il adopte alors le nom d'Arman, « né d'une erreur ». Crée les premières *Allures d'objets*.

1959   Premières *Accumulations* et *Poubelles*. Exposition à la Galerie Apollinaire, à Milan.

1960   Le 25 octobre, exposition « Le Plein » chez Iris Clert, contrepoint de l'exposition « Le Vide », de Yves Klein. Le 27 octobre, à Milan, signe le « Manifeste du Nouveau Réalisme » de Pierre Restany. Exposition à Düsseldorf chez Schmela. A cette occasion rend visite à Joseph Beuys. Rencontre à Paris Larry Rivers, Robert Rauschenberg et Jasper Johns. Contacts avec le groupe « Zéro ».

1961   Premières *Coupes* et *Colères*. Brise des meubles à l'abbaye de Roseland (Nice) : c'est *La Colère de meubles Henri II*. Utilise du polyester pour ses *Accumulations*. Premier séjour à New York où il participe à une exposition de groupe dans un musée : « L'Art de l'Assemblage », au Musée d'Art Moderne. Simultanément a lieu sa première exposition individuelle à New York, Cordier-Warren Gallery. Il habite le Chelsea Hotel pendant plusieurs mois, et il continuera d'y séjourner par intermittences jusqu'en 1968. Lors d'un dîner offert par l'artiste et collectionneur William Copley, rencontre Marcel Duchamp. Exposition à Milan, chez Schwarz.

1962   Achète un chalumeau et commence à souder les objets dans ses *Accumulations*. Yves Klein meurt en juin à Paris. Voyages à New York et à Los Angeles. Rencontre Andy Warhol. Exposition de groupe d'artistes français et américains intitulée « Les Nouveaux Réalistes », à la Sidney Janis Gallery. Exposition individuelle à la Dwan Gallery, à Los Angeles.

1963   Première exposition individuelle chez Sidney Janis. Début des *Combustions*. Acquiert une résidence secondaire à New York. Expositions à Anvers, Düsseldorf, Milan, New York et Paris. Fait exploser la MG blanche du photographe Charles Wilp.

1964   Première exposition individuelle dans un musée, le Walker Art Center, à Minneapolis, suivie d'une autre au Stedelijk Museum d'Amsterdam. Nouvelle exposition chez Sidney Janis. Le polyester, qu'il utilise comme colle depuis 1961, prend une place prépondérante dans son œuvre avec les *Inclusions*.

1965   Exposition au Musée Haus Lange, à Krefeld, et à Lausanne, Paris et Chicago. Il fonde l'« Artist Key Club » et mène l'action « Locker Lottery » à la Gare centrale de New York.

1966   Premières *Accumulations* de tubes de peinture scellés dans du polyester. Rétrospective au Palais des Beaux-Arts de Bruxelles.

1967   Début de sa collaboration avec le constructeur d'automobiles Renault (après que la Ford Motor Company ait décliné sa proposition). Expose à Turin, Venise, Nice, Bruxelles et Paris. Représente la France à Expo' 67 à Montréal.

1968   Ses œuvres sont exposées à la Biennale de Venise et à la Dokumenta de Kassel. Il enseigne la peinture à Los Angeles, Université de Californie, et habite Santa Monica.

1969   Les travaux exécutés en collaboration avec la Régie Renault sont présentés dans une exposition itinérante : Stedelijk Museum d'Amsterdam, Musée des Arts Décoratifs de Paris, Kunsthalle de Berlin, Louisiana à Humlebaek, Stadtische Kunstalle de Düsseldorf. Lors de ses séjours aux U.S.A., il s'installe dans une petite maison à Church Street, Manhattan.

1970   Denyse Durand-Ruel commence à réunir les archives servant au catalogue raisonné de l'œuvre. Déménage dans un loft, à Soho, et poursuit ses allées et venues entre l'Europe et les U.S.A. Début des *Accumulations* en béton qui prolongent le travail entrepris dès 1964 avec les *Accumulations* en marbre synthétique. Ses œuvres sont présentes au Pavillon français de l'Exposition Universelle d'Osaka. Expositions dans les musées d'Helsinki, de Stockholm et de Zurich. Fête à Milan, avec le groupe des Nouveaux Réalistes, le 10ᵉ anniversaire du mouvement. Procède à une grande distribution gratuite d'ordures. Utilise des détritus bruts et des matières organiques pour des sculptures en plastique. Accumule les ordures des ateliers de ses amis artistes pour une série d'œuvres-portraits.

1971   Epouse Corice Canton à Nice, le 13 juillet. Nouveaux travaux avec des détritus, coulés dans une matière plastique qui permet de conserver les matériaux organiques de véritables poubelles : premières *Poubelles organiques*.

1972   Obtient la nationalité américaine (seconde nationalité). Etudie avec sa femme le Kung Fu. Est fait Chevalier de l'Ordre du Mérite par le Président de la République française. Voyages à l'île de Pâques et aux Galapagos.

1973   Transforme son nom en Armand Pierre Arman. Début de sa collaboration avec la Andrew Crispo Gallery, à New York. Préparation de sa première exposition rétrospective.

1973   L'exposition « Selected Works 1958-74 » débute à la Jolla Museum et circule à travers quatre autres musées américains. Des instruments de musique détruits et scellés dans du béton sont exposés chez Andrew Crispo : « Concrete lyrics ». Retour à Paris.

1975   « Objets armés » au Musée d'Art Moderne de la Ville de Paris. *Conscious Vandalism* a lieu à la John Gibson Gallery, New York. Passe deux mois à Vence, où il pratique le jeu de Go avec le maître japonais Isamu Haruyama.

1976   Expose à Nice, Saint-Paul de Vence et Paris. Construit un environnement pour la XXXIXᵉ Biennale de Venise. Continue à pratiquer le Kung Fu.

1977   Le maître japonais de Go, Isamu Haruyama, lui rend visite à New York. S'installe dans un nouvel atelier à Manhattan, Canal Street. Début de sa collaboration avec Marianne et Pierre Nahon, de la Galerie Beaubourg, à Paris.

1978   « Hard et Soft » chez Andrew Crispo. Exposition à la Galerie Beaubourg.

1979   Long voyage en Chine. Visite les sites archéologiques anciens et les centres d'art. Voyage à Moscou. Exposition « Accumulative tapestry » à la Galerie Bonnier, à Genève. Différentes expositions des nouvelles sculptures en bronze.

1980   Pendant qu'il séjourne au Japon, à Nagoya, travaille intensément : sculptures d'outils accumulés. Expositions des nouveaux travaux au Japon et en Allemagne fédérale.

1981   Abandonne le Go et consacre moins de temps à sa collection d'Art africain. Se concentre sur son propre travail et crée de grandes œuvres murales avec des outils et des ustensiles.

1982   Grande exposition rétrospective « La Parade des objets » au Kunstmuseum de Hannover et au Hessisches Landesmuseum de Darmstadt, en Allemagne fédérale. A l'automne, achève Long Term Parking, à Jouy-en-Josas, accumulation de 59 voitures dans du béton sur 19,50 m de hauteur. Naissance le 2 décembre de sa fille Yasmine.

1983   « La Parade des objets » va du Musée de Tel Aviv à celui de Tübingen, puis d'Antibes. Réalise de grands travaux muraux et crée des pièces monumentales : *A ma jolie*, accumulation de 30 guitares (750 kg) pour le Musée Picasso d'Antibes, *Anchorage*, accumulation d'ancres marines pour le musée de Dunkerque. Début de sa collaboration avec la Galerie Marisa del Re, à New York. Exposition « Arman's Orchestra » chez Marisa del Re.

1984   Le Ministère de la Culture lui commande un monument pour le bi-centenaire de la Révolution française. La Présidence de la République, au vu de la maquette, décide l'installation de cette accumulation en bronze et en marbre au Palais de l'Elysée. Voyages en Belgique, en Suisse et en France. Nommé Commandeur des Arts et Lettres. Expositions au Festival de Spoleto, à Knokke-le-Zoute, Gibbes Art Gallery, à Charleston en Caroline du sud. « Tools and Instruments » au Center for the Fine Arts, à Miami.

1985   Voyage au Japon et en Corée à l'occasion d'expositions rétrospectives de son œuvre au Seibu Museum of Art, à Tokyo, et au Walker Hill Art Center, à Séoul. Quitte Soho pour Tribeca, à Manhattan. *Music Power*, une sculpture monumentale composée de violons, est installée à l'Acropolis à Nice. Deux monuments en bronze sont inaugurés Gare Saint-Lazare, à Paris. *La Tour Rostropovitch*, sculpture monumentale de formes de violoncelles découpés en bronze, est exposée devant le Lincoln Center for the Performing Arts, à New York. Crée les décors de « L'Heure espagnole », à l'Opéra de Paris.

1986   Rétrospective à Zurich, Pavillon Wed, exposition à Tokyo, Fuji Television Gallery, rétrospective à l'Ulrich Museum de Wichita, Kansas. Travaille à son projet *Slices of Liberty* qui célèbre le centenaire de la Statue de la Liberté. Exposition à la Foire de Nice de peintures sur toile, au stand de la Galerie Beaubourg. Achève une sculpture en bronze — 30 drapeaux — pour une collection privée dans le Connecticut et commence une nouvelle série de tableaux qui seront montrés à Paris, à la Galerie Beaubourg, et à New York, chez Marisa del Re, en 1988. Installe la sculpture *Being Beauteous* devant Till Hall, Long Island University et *Symphonia*, un mural de 4 × 3 m, à Dallas (Galleria Building). Exposition à New York (chez Marisa del Re) et à Paris (F.I.A.C., Galerie Beaubourg) de *Gods and Godesses*.

1987   Ecrit et illustre un texte pour enfants, publié aux Editions Bergström. Naissance de son fils

Philippe Alexandre. Réalise *Cavelleria Eroica* pour les jardins de Monte-Carlo. Achève plusieurs commandes de sculptures publiques : *Cavalcade* à Houston, Texas, *Ascend of blues*, hommage au blues américain, pour la Morgan Keegan Tower, à Memphis, Tennessee, *Persépolis*, à Dallas, pour le Centrum Building et, pour la parfumerie Fragonard, à Grasse, *Le Jardin des délices*. Présente, dans le cadre de la Dokumenta à Kassel, *La Descente aux enfers*. — Automne — Participe à « l'Exposition d'Art international pour lutter contre la faim dans le monde ». Hiver — Expose de nouvelles « Paint Brush Paintings » à la Galerie Beaubourg, Paris. En hiver 1987, Arman dessine le décor et les costumes pour sa conception originale des « Désordres Lyriques » à l'Opéra de Paris. En décembre, reçoit la décoration française de la Légion d'Honneur. Publication d'une monographie de 400 pages par le critique Bernard Lamarche-Vadel, aux Editions de la Différence à Paris et préparation du premier volume de son catalogue raisonné prévu pour mars 1990. Création d'une sculpture intitulée *Hommage à Picasso* ou *Vénus à la guitare* pour l'exposition « Arman-Picasso » à l'Orangeraie, Genève, et amorce d'une série de travaux qu'il appellera *trans-sculpture*.

1988   Février — Installe un environnement « Paint Brush Paintings » à la Galerie Marisa del Re à New York. Mai — Achève l'installation d'une sculpture monumentale à Atlanta (Géorgie), intitulée *Dyonisos révélé*. Voyage en Chine en vue d'exécuter une sculpture dans un lieu public intitulée *Beijing Quartet 1* destinée à une vente aux enchères pour Sotheby, au profit du projet « Marco Polo, Sauvez la Grande Muraille de Chine ». Création d'une sculpture monumentale intitulée *La Vénus des Arts*, pour le comité Saint-Germain, Paris. Création de trophées pour les récompenses du livre Gutemberg et d'une récompense sculptée en forme de voilier pour Loïc Caradec et sa traversée de l'Atlantique à la voile. Création d'un trophée pour la compétition équestre de Zurich, Suisse. Création de modèles dans « Small Art Objects » faits de bois précieux et d'or avec le célèbre bijoutier Yves Piaget. Création d'une fontaine de 3 m de haut environ faite d'une accumulation d'hélices de bateaux en bronze. Automne — Création d'un trophée pour le Grand Prix International du Document de Création et du Prix Jeune Télévision, le festival de la Télévision internationale (URTI) à Monte-Carlo.

1989   Il achève une sculpture intitulée *Solex ici et là* commandée par la Fondation Cartier. Début mars, voyage en Corée et au Japon pour des expositions personnelles. Achève une sculpture monumentale de 20 mètres de haut montée sur des essieus de camions soudés intitulée *Million of Miles* à Chönan, Corée du Sud. C'est la plus haute des sculptures monumentales d'Arman. L'exposition collective est prévue pour avril et juillet, intitulée « Corps-Figures », « La Figuration Humaine dans la Sculpture du XXᵉ siècle » à Artcurial, Paris. Il réalise un projet de peintures monochromes devant prendre place dans un lieu public intitulée *Universalities of Wisdom*, San Francisco. Eté — Nouveaux travaux pour la biennale de la Sculpture à Monte-Carlo. Nouveaux travaux sur toile qui sont exposés à Paris, en novembre 1989. Projet de nouvelles sculptures dans les lieus publics, dont une pour le Japon et l'autre, pour la Corée du sud.

PRINCIPALES EXPOSITIONS PERSONNELLES

1956 *Arman*, Galerie du Haut-Pavé, Paris, France.
1957 *Arman*, Galerie La Roue, Paris, France.
1958 *Arman*, Galerie Iris Clert, Paris, France.
1959 *Arman*, Galerie Saint-Germain, Paris, France.
     Arman, Galerie Apollinaire, Milan, Italie.
1960 *Le Plein*, (Full-Up), Galerie Iris Clert, Paris, France.
     Arman, Galerie Schmela, Düsseldorf, RFA.
1961 *Arman*, Galleria Schwarz, Milan, Italie.
     Arman, Cordier-Warren Gallery, New York, USA.
1962 *Arman*, Galerie Saqqârah, Gstaad, Suisse.
     Arman, Dwan Gallery, Los Angeles, CA., USA.
1963 *Arman*, Sidney Janis Gallery, New York, USA.
     Arman, Galerie Lawrence, Paris, France.
     Arman, Galleria Schwarz, Milan, Italie.
     Arman, Galerie Ad Libitum, Anvers, Belgique.
     Arman, Galerie Schmela, Düsseldorf, RFA.
1964 *Arman*, Stedelijk Museum, Amsterdam, Hollande.
     Arman, Walker Art Center, Minneapolis, MN., USA.
     Arman, Sidney Janis Gallery, New York, USA.
1965 *Arman*, Richard Feigen Gallery, Chicago, IL., USA.
     Arman, Galerie Bonnier, Lausanne, Suisse.
     Arman, Galerie Lawrence, Paris, France.
     Arman, Museum Haus Lange, Krefeld, RFA.
     Arman, Galerie Michel Couturier, Paris, France.
1966 *Arman*, Galerie Svensk-Franska, Stockholm, Suède.
     Arman, Palais des Beaux-Arts, Bruxelles, Belgique.
     Arman, Musée de la Ville, Saint-Paul-de-Vence, France.
1967 *Arman*, Galerie Ileana Sonnabend, Paris, France.
     Arman, Galleria Sperone, Turin, Italie.
     Arman, Galerie des Ponchettes, Nice, France.
     Arman, Palazzo Grassi, Venise, Italie.
     Arman, Galerie Françoise Meyer, Bruxelles, Belgique.
1968 *Arman*, Sidney Janis Gallery, New York, USA.
1969 *Arman : Œuvres récentes,* Galerie Bonnier, Genève, Suisse.
     Arman : Les Ustensiles familiers, Galerie Ileana Sonnabend, Paris, France.

Arman : Œuvres de 1960 à 1965, Galerie Mathias Fels, Paris, France.

Arman : Accumulations Renault, Stedelijk Museum, Amsterdam, Hollande ; Musée des Arts Décoratifs, Paris, France ; Louisiana Museum of Modern Art, Humlebaek, Danemark ; Kunsthalle, Berlin, Allemagne ; Stadtische Kunsthalle, Düsseldorf, RFA ; Moderna Museet, Stockholm, Suède ; Stadtische Kunstsammlungen, Ludwigshafen, RFA ; Kunsthaus, Zurich, Suisse ; Amos Anderson Taidemuseo, Helsinki, Helsingfors, Finlande.

Arman, Galerie Svenk-Franska, Stockholm, Suède.

1970   *Arman,* Galerie Ileana Sonnabend, Paris, France.
        Arman, Ace Gallery, Los Angeles, CA., USA.
        Arman, Galerie der Spiegel, Cologne, RFA.
        Arman, Galleria dell'Ariete, Milan, Italie.
        Arman, Lawrence Rubin Gallery, New York, USA.

1971   *Arman,* Galerie Bonnier, Genève, Suisse.
        Arman, Galerie de La Salle, Vence, France.
        Arman, Galerie Bischofberger, Zurich, Suisse.
        Arman, Galerie Semiha Huber, Zurich, Suisse.
        Arman, Lawrence Rubin Gallery, New York, USA.
        Arman, Galerie Michel Couturier, Paris, France.

1972   *Arman,* Galleria Del Leone, Venise, Italie.
        Arman, Galerie Arte Borgogna, Bâle, Suisse.
        Arman, Galerie de l'Œil, Paris, France.

1973   *Arman,* Galerie Charles Kriwin, Bruxelles, Belgique.
        Arman : Selected Activities, John Gibson Gallery, New York, USA.
        Arman : Retrospective, Andrew Crispo Gallery, New York, USA.
        Arman, Galerie Aronovitch, Stockholm, Suède.
        Arman, Rosa Esman Gallery, New York, USA.

1974   *Le Tas des échanges,* Galerie Entre, Paris, France.
        Arman, Salles romanes du Cloître Saint-Trophime, Musée Réattu, Arles, France.
        Arman, Galerie Daniel Templon, Paris, France.
        Arman : Selected Works 1958-1974, La Jolla Museum of Contemporary Art, CA. ; Henry Art Gallery, University of Washington, Seattle ; Fort Worth Art Museum, Texas ; Des Moines Art Center, Iowa ; Albright-Knox Art Gallery, Buffalo, USA.
        Arman : Concrete Lyrics, Andrew Crispo Gallery, New York, USA.
        Arman : Sur Béton 1973, Galerie Bonnier, Genève, Suisse.

1975   *Arman,* Hopkins Center Art Gallery, Dartmouth College, Hanover, New Hampshire, USA.
        Arman : Objets armés 1971-1974, Musée d'Art Moderne de la Ville de Paris, France.
        Arman, Galerie Bonnier, Genève, Suisse.
        Conscious Vandalism, John Gibson Gallery, New York, USA.
        Arman : Lyrical Surfaces, Andrew Crispo Gallery, New York, USA.
        Arman, Galerie Beaubourg, Paris, France.
        Arman, Galerie Charles Kriwin, Bruxelles, Belgique.
        Paradoxe du Temps, Artcurial, Paris, France.

1976   *Arman,* Galerie Sapone, Nice, France.
        Arman, Artcurial, Paris, France.

1977   *Arman,* Galerie Valeur, Nagoya, Japon.
        Arman : Paintings and Sculptures, Ulrich Museum of Art, Wichita State University, Kansas, USA.

1978   *Exhibition of Drawings,* Galerie Jöllenbeck, Cologne, RFA.
        Arman : Hard and Soft, Andrew Crispo Gallery, New York, USA.
        Arman, Galerie Beaubourg, Paris, France.
        Accumulation, Galerie Valeur, Nagoya, Japon.
        Arman : New Works, Galerie Charles Kriwin, Bruxelles, Belgique.
        Arman, Veranneman Foundation, Kruishoutem, Belgique.
        Arman, Galerie Verbeke, Paris, France.

1979   *Arman,* Galleria Cavellini, Brescia, Italie.

Arman, Galerie Bonnier, Genève, Suisse.

Arman, Andre Emmerich Gallery, New York, USA.

Arman, Art in Progress Gallery, Munich, RFA.

Arman, Fondation de Jau, Perpignan, France.

1980   *Arman*, Art in Progress Gallery, Munich, RFA.

Arman, Hacker Gallery, Stuttgart, RFA.

Arman, Galerie Valeur, Nagoya, Japon.

Arman, Amano Gallery, Osaka, Japon.

Arman, Satani Gallery, Tokyo, Japon.

Arman : Rétrospective, Centre d'Art et de Culture, Flaine, France.

1981   *Arman : Bronzes soudés*, Galerie Beaubourg, Paris, France.

Arman, Holtmann Gallery, Cologne, RFA.

Arman : Opere del 1979, Galerie Le Point, Rome, Italie.

Arman : Sculptures, Galerie Akira Ikeda, Tokyo, Japon.

Arman, Hessisches Landesmuseum, Darmstadt, RFA.

1982   *Arman*, Galerie Sapone, Nice, France.

Arman, Galerie Beaubourg, Paris, France.

Arman : Carvings and Drawings, Solomon Gallery, Dublin, Irlande.

Arman : Parade der Objekte-Retrospective 1955 bis 1982, Kunstmuseum, Sammlung Sprengel, Hanovre ; Hessisches Landesmuseum, Darmstadt, RFA ; Tel Aviv Museum, Israël ; Kunsthalle, Tubingen, RFA ; Musée Picasso, Château Grimaldi, Antibes, France ; Musée d'Art Contemporain, Dunkerque, France.

Arman, O.K. Harris Gallery, New York, USA.

Arman, Galerie Bonnier, Genève, Suisse.

1983   *Arman*, Goldman's Gallery, Haïfa, Israël.

Arman's Orchestra, Marisa del Re Gallery, New York ; Goldman-Kraft Gallery, Chicago ; Herbert Palmer Gallery, Los Angeles, CA. - USA.

Arman's Orchestra, Galerie Beaubourg, Paris, France.

1984   *Arman*, Christian Fayt Art Gallery, Knokke-le-Zoute, Belgique.

Arman : 15 Years 1959-1974, Galerie Reckermann, Cologne, RFA.

Arman, Spoleto Festival, Gibbes Art Gallery, Charleston, SC., USA.

Arman o L'Oggetto come Alfabeto : Retrospettiva 1955-1984, Museo Civico delle Belle Arti, Lugano, Suisse.

Arman's Orchestra, Gloria Luria Gallery, Bay Harbor Islands, Florida, USA.

Arman : Tools and Instruments, Center for the Fine Arts, Miami, Florida, USA.

Arman : Objekte und Bilder, Galerie Renee Ziegler, Zurich, Suisse.

Arman : The Day After, Marisa del Re Gallery, New York, USA.

Arman, The Day After, Galerie Beaubourg, FIAC, Paris, France.

Arman, Museo d'Arte Moderna, Parme, Italie.

Arman, Galleria Nicoli, Parme, Italie.

1985   *Arman*, Seibu Museum of Art, Tokyo, Japon ; Walker Hill Art Center, Séoul, Corée.

Arman Aujourd'hui, Musée de Toulon, France.

Arman : Œuvres choisies, Galerie Bonnier, Genève, Suisse.

Arman, Sonia Zannettacci Galerie, Genève, Suisse.

Arman, Châteauroux, France.

Arman, Galerie Ziegler, Zurich, Suisse.

1986   *Arman*, Pavillon Wed, Zurich, Suisse.

Arman, Fuji Television Gallery, Tokyo, Japon.

Arman : Retrospective, Wichita State University, Ulrich Museum of Art, KS., USA.

Arman : Gods and Goddesses, Marisa del Re Gallery, New York, USA.

Arman : Gods and Goddesses, Galerie Beaubourg, FIAC, Paris, France.

Arman : Gods and Goddesses, Waddington and Shiell Galleries Ltd., Toronto, Canada.

Arman, Fondation Veranneman, Kruishoutem, Belgique.

1987   *Arman : Trio for Strings*, Galerie GKM, Malmö, Suède.

Arman : Gods and Goddesses and *Selected Works 1963-85*, Wenger Gallery, Los Angeles, CA., USA.

Arman, Gallery Guy Peeters, Knokke-le-Zoute, Belgique.
Arman : Œuvres sur papier, Galerie Ferrero, Nice, France.
Arman : Gods and Goddesses, Galerie de l'Orangeraie, Genève, Suisse.
1988 *Arman : Works 1961-1986*, La Galerie de Poche, Paris, France.
Arman : Works 1960's-1970's Assemblages, Marisa del Re Gallery, New York, USA.
Arman : Works on Paper, Princeton Gallery of Fine Art, New Jersey, USA.
Arman : Treize Peintures, Galerie Beaubourg, Paris, France.
Arman : Paintings, Marisa del Re Gallery, New York, USA.
Arman : Pinceaux Piégés, Musée des Beaux Arts, Nîmes, France.
Arman : Reflex Gallery, Amsterdam.
Arman : Chapelle des Pénitents Blancs, Vence, France.
1989 *Arman : A Retrospective*, Gana Gallery, Seoul, Corée.
Arman : Paintings, Fuji Television Gallery, Tokyo, Japon.
Arman : A Retrospective, Lunds Konsthall in collaboration with Galerie GKM, Lunds, Suède.
Arman : Shooting colors, Galerie Beaubourg, Paris, France.
Arman : Le Temps, Galerie Philippe Kriwin, Bruxelles, Belgique.

TABLE DES ILLUSTRATIONS

38 Arman, *De l'autre côté de la forêt*, 1989, couleurs projetées et violon découpé sur toile, 100 × 80 cm. Collection Galerie Beaubourg, Paris.

39 Arman, *Quatuor fier*, 1989, couleurs projetées et violons découpés sur toile, 200 × 150 cm. Collection Galerie Beaubourg, Paris.

40 Arman, *La Chance des néophytes*, 1989, couleurs projetées et « colère de violon » sur toile, 86 × 54,5 cm. Collection Galerie Beaubourg, Paris.

41 Arman, *Sentimentalisme*, 1989, couleurs projetées et « colère de mandoline » sur toile, 90 × 50 cm. Collection Galerie Beaubourg, Paris.

42 Arman, *Violino cativo*, 1989, couleurs projetées et violon sur toile, 100 × 80 cm. Collection Galerie Beaubourg, Paris.

43 Arman, *Effets de gravure*, 1989, couleurs projetées et violon découpé sur toile, 120 × 90 cm. Collection Galerie Beaubourg, Paris.

44 Arman, *Zinzin magnifié*, 1989, couleurs projetées et « colère d'accordéon » sur toile, 200 × 150 cm. Collection Marciano, Los Angeles, Californie.

TABLE DES MATIÈRES

ISBN 2-7291-467-4
Achevé d'imprimer en novembre 1989
sur les presses de Graf Art Officine Grafiche Artistiche
à Venaria (Turin) Italie